LA RECONNAISSANCE

DE LE KAIN,

ENVERS

M. DE VOLTAIRE,

SON BIENFAITEUR.

PARIS.

MDCCLXXVIII.

2.)

AU LECTEUR.

JE m'empreſſe de remplir un des vœux de le Kain en faiſant part au Public de ſes ſentimens à l'égard de M. de Voltaire, ſon bienfaiteur & ſon maître dans le grand art de la déclamation, comme dans l'art plus grand encore de jouer la Tragédie.

Ce Public, toujours prêt à flétrir les ingrats, verra avec intérêt l'ame reconnoiſſante du grand Acteur que nous regretterons long-tems, & les procédés généreux du grand Homme que nous poſſédons au milieu de nous, après une abſence de vingt-huit ans. Préſenter aux hommes des exemples de généroſité & de reconnoiſſance ; c'eſt les diſpoſer à être généreux & reconnaiſſans.

Ce que je vais raconter eſt tiré d'un petit mémoire que le Kain avoit travaillé à ma

A

AU LECTEUR.

follicitation, qu'il m'avait confié quelque tems avant fa mort, & dont il m'avait laiffé la liberté de difpofer même de fon vivant.

L'Abbé D***.

LA RECONNAISSANCE
DE LE KAIN,
ENVERS
M. DE VOLTAIRE,
SON BIENFAITEUR.

LA paix de 1748 rappella tous les plaifirs à Paris. L'inftitution des Théâtres particuliers eft une des agréables fingularités de cette heureufe époque. On en diftingua trois principaux fur lefquels des jeunes gens de familles honnêtes, exerçaient leurs talens.

Le premier était à l'Hôtel de Soyecourt, fauxbourg Saint-Honoré ; le fecond au Marais, à l'Hôtel de Clermont-Tonnerre ; le troifième, rue Saint-Méry, à l'Hôtel de Jabak. M. *le Kain* fut le fondateur de ce dernier.

Le Public fe partagea bientôt fur les talens

des jeunes Acteurs. Sur un Théâtre , ils avaient plus de fineſſe & de graces , ſur l'autre plus d'uſage. Quant aux Actrices , les unes étaient plus jolies , & les autres plus décentes.

Les jeunes gens qui s'amuſaient , & qui amuſaient le Public à leurs dépens, excitèrent les murmures , & peut - être l'envie des Comédiens Français. Ceux-ci ſe plaignirent , & le Gouvermement fit fermer les Théâtres de Société.

M. *de Chauvelin* , curieux de voir jouer la Comédie du *mauvais Riche* de M. *d'Arnaud*, obtint la réhabilitation du Théâtre de Clermont-Tonnerre auquel s'était réuni celui de l'Hôtel de Jabak. La Pièce fut jouée avec ſuccès au mois de Février 1750. L'aſſemblée la plus brillante qu'il y eût alors à Paris , y aſſiſta. M. *de Voltaire* y fut invité par l'Auteur. Ce grand homme , aſſez content de la Pièce & du jeu des Acteurs , demande le nom du jeune homme qui avait joué le rôle de l'Amoureux. On répond que c'eſt le fils d'un Orfèvre , qu'il joue la Comédie pour ſon plaiſir , & qu'il veut en faire ſon état. M. *de Voltaire* témoigne le deſir de le voir. M. *d'Arnaud* fut chargé de l'engager à lui rendre une viſite le ſur-lendemain.

Le plaiſir, dit M. *le Kain* dans ſon mémoire, que me cauſa cette invitation, fut encore plus grand que ma ſurpriſe. Je ne peindrai point mon embarras en voyant M. *de Voltaire* pour la première fois. Je ne crois pas que la préſence

d'une divinité eût pu m'infpirer plus de ref-
pect & plus d'admiration. Il eut la bonté de
mettre fin à mon embarras en m'ouvrant fes
deux bras paternels, & en *remerciant Dieu d'avoir*
créé un être qui l'avoit ému & attendri . . . .

M. *de Voltaire* me fit enfuite mille queftions
fur ma famille, fur ma fortune & fur mon
éducation. Tout en m'interrogeant, il me fit
prendre ma part d'une demi-douzaine de taffes
de chocolat mêlangé avec du caffé. C'était fa
nourriture ordinaire depuis cinq heures du matin
jufqu'à trois heures du foir. Il me demanda
enfuite quel genre de vie je voulais embraffer ?
Je lui répondis avec une fermeté intrépide que
je ne connaiffais au monde d'autre bonheur
que celui de jouer la Comédie ; que le hafard
me laiffant maître de mes actions & jouiffant
de 700 liv. de rente, j'avais lieu d'efpérer qu'en
abandonnant le commerce de mon père, je
ne perdrais rien au change fi je pouvais être
admis un jour dans la troupe des Comédiens
Français.

» Ah ! mon ami ! s'écria M. *de Voltaire*, ne
» prenez jamais ce parti ; jouez la Comédie
» pour votre plaifir, & n'en faites jamais votre
» état. C'eft le plus beau, le plus rare, le plus
» difficile des talens ; mais il eft avili par des
» barbares & profcrit par * *. Si vous voulez
» renoncer à votre projet, je vous prêterai
» dix mille francs pour commencer votre éta-
» bliffement, & vous me les rendrez quand

» vous pourrez : allez , mon enfant , revenez
» fur la fin de la femaine , & donnez-moi une
» parole pofitive «.

Tel étoit mon embarras, confus & pénétré
jufques aux larmes des bontés généreufes de
M. *de Voltaire :* je voulus le remercier , & ne
le pus. Je me retirais , lorfqu'il me rappella ,
& me pria de lui réciter quelques lambeaux
des rôles que j'avais déja joués. Je lui propo-
fai affez mal-adroitement de déclamer le grand
couplet de *Guftave* au fecond acte.....

» *Point , point de Piron* , s'écrie M. *de Vol-*
» *taire* , je n'aime pas les mauvais vers , dites
» tous ce que vous favez de *Racine* «. Je
commençai la première fcène d'*Athalie* dont
je favais par cœur toute la Tragédie , fai-
fant alternativement le rôle d'*Abner* & celui
de *Joad*. Je n'avois pas tout-à-fait rempli
ma tâche que M. *de Voltaire* s'écria : » Ah !
» Monfieur , les beaux vers ; & ce qu'il y a
» d'étonnant, c'eft que toute la Pièce eft écrite
» avec la même chaleur & la même pureté ,
» c'eft que la poéfie eft inimitable, &c. Adieu,
» mon ami, ajouta-t-il en m'embraffant; c'eft
» moi qui vous prédit que vous aurez la voix
» touchante , que vous ferez un jour tous les
» plaifirs de Paris : mais pour Dieu, s'il vous
» eft poffible , ne montez jamais fur le Théâ-
» tre «.

Dans ma feconde vifite j'annonçai à M. *de*
Voltaire que mon parti était pris de jouer la

Comédie. Alors il me prit chez lui ; il fit bâtir un Théâtre au-deſſus de ſon appartement, & me fit jouer avec ſes nièces & ma ſociété. Il ne voyait qu'avec peine qu'il nous en avoit beaucoup coûté d'argent pour amuſer le Public & nos amis.

Les offres déſintéreſſés de ſon argent, les dépenſes de l'établiſſement de ſon Théâtre, la bonté qu'il eut de me recueillir chez lui, de me défrayer moi & mes camarades de tout ce qui pouvoit nous en coûter, ſont des preuves qu'il eſt auſſi généreux & auſſi noble dans ſes procédés que ſes ennemis ont été injuſtes en l'accuſant du contraire.

Je dois encore à la vérité, de dire que depuis que je ſuis au Théâtre, M. *de Voltaire* m'a non - ſeulement aidé de ſes conſeils, comblé de bontés en tout genre, qu'il m'a gratifié de plus de deux mille écus. Il me nomme *ſon grand Acteur, ſon Garrik, ſon enfant chéri.* Ce ſont-là des titres que je ne dois qu'à ſa bonté ; mais ceux que j'ai adopté au fond de mon cœur, ſont ceux d'*élève ſoumis, reſpectueux, & ſingulièrement reconnaiſſant.*

Pourrais - je ne pas l'être en effet, puiſque c'eſt à M. *de Voltaire* que je dois les premières notions de mon art. Ce fut auſſi à ſa ſeule conſidération que M. le Duc *d'Aumont* voulut bien m'accorder mon ordre de début au mois d'Août 1750. M. *de Voltaire* me l'obtint lors

A 4

de fon paffage de Compiègne pour aller à Berlin.

Quiconque lira ces détails reconnoîtra que je fuis loin de reffembler à ces cœurs ingrats qui rougiffent d'un bienfait, & qui, pour confommer leur fcélérateffe, calomnient indignement leurs bienfaiteurs.

J'en ai connu plus d'un de cette efpèce à l'égard de M. *de Voltaire*. J'ai été témoin des vols qui lui ont été faits par des gens de toute forte d'état. Il a plaint les uns, méprifé les autres, & n'a jamais tiré vengeance d'aucuns. Son caractère eft impétueux; mais fon cœur eft bon & généreux, fon ame eft compatiffante & fenfible. Il n'a jamais attaqué le premier aucun Homme de Lettres. Je lui ai entendu dire mille fois qu'il était au défefpoir de ne pouvoir être l'ami de *Crébillon*; mais que fon refus d'approuver *Mahomet*, dont on l'avoit nommé Cenfeur, étoit un procédé malhonnête & impardonnable.

Nous bornerons là le récit de M. *le Kain*, parce que c'eft là que finit le langage de fa reconnaiffance. La fuite de fon Mémoire ne renferme que quelques anecdotes, la plupart relatives au Théâtre Français. La fuivante ne déplaira pas aux Amateurs.

Madame la Ducheffe *du Maine*, avant le départ de M. *de Voltaire* pour la Pruffe, voulut voir repréfenter fur fon Théâtre, à Sceaux, *Rome fauvée*, Tragédie qui n'était point encore conue,

M. *de Voltaire* fe chargea du rôle de *Cicéron*;
celui de *Lentulus* fut confié à M. *le Kain*. Des
Seigneurs rempliffaient les autres rôles. A la
fin de la Pièce Mad. la Ducheffe *du Maine* demande quel eft l'Acteur qui a joué *Lentulus?*
C'eft le meilleur de tous, répond prompte-
ment M. *de Voltaire.*

A la fuite de ce fait, M. *le Kain* ajoute,
qu'il n'eft pas poffible de rien entendre de plus
vrai, de plus pathétique, de plus romain, que
M. *de Voltaire* dans le rôle de *Cicéron*: c'était
cet Orateur lui-même tonnant au milieu du
Sénat contre les deftructeurs des mœurs, de
la religion & des loix.

M. *de Voltaire* n'a jamais vu M. *le Kain* fur
le Théâtre Français: c'eft une étrange fatalité
qu'il eft bon d'obferver. Il ne put y monter
que quelques jours après le départ de M. *de
Voltaire* pour la Pruffe, & au moment où
M. *de Voltaire*, âgé de 84 ans, abfent depuis
près de 30, rentre à Paris, on lui annonce
que M. *le Kain* vient de defcendre dans la
tombe.

C'eft-là, dit M. l'Abbé *D ***, rédacteur
du Mémoire, une fatalité plus trifte encore
que l'aventure *des oreilles du Comte de Chefterfield.*

CE qui fuit eft auffi extrait du Mémoire de le Kain, & c'eft encore lui qui va parler.

JE ne dirai rien de la fublimité des talens de M. *de Voltaire* en tout genre, c'eft à l'Europe entière à faire fon éloge, & à tous les Rois de l'Europe à reconnaître le fervice qu'il leur a rendu en rendant leurs peuples plus doux, plus humains & plus indulgens à fe fupporter.

Mais je puis parler plus qu'un autre, de fa facilité pour écrire en vers. Je l'ai vu refaire plufieurs fois, & en peu de tems, le rôle de *Cicéron* dans *Rome fauvée*. Je l'ai vu faire deux fois le cinquième acte de *Zulime*, après avoir jetté au feu fon premier manufcrit. Je pourrais citer beaucoup d'exemples de cette prodigieufe facilité à travailler; mais de tous ceux que je rapporterais, il n'y en aurait peut-être aucun de comparable à ceux dont M. *Vahiere* fon Secrétaire a cent fois été témoin.

Je me bornerai donc à citer quelques Anecdotes qui méritent d'être confervées, & d'être connues de tous les Littérateurs; c'eft en leur faveur que je les ai recueillies: par les écrits de

M. *de Voltaire*, on peut juger de son génie. Les Anecdotes suivantes, pourront aider l'homme courageux qui écrit son histoire, à peindre son caractère.

A la mort de *Baron*, son emploi fut donné à *Sarrasin*. Cet Acteur ne suivait que de bien loin les traces de son prédécesseur, M. *de Voltaire* le chargea du rôle de *Brutus*, dans la tragédie du même nom. On répétait la pièce au théâtre; la mollesse de *Sarrasin*, dans son invocation au dieu Mars, le peu de fermeté, de grandeur & de majesté qu'il mettait dans son premier acte, impatienta M. *de Voltaire*. »Songez donc, » lui dit-il avec une ironie sanglante, que » vous êtes *Brutus*, le plus ferme de tous les » Consuls de Rome, & qu'il ne faut parler au » dieu Mars comme si vous disiez : *Ah! bonne* » *Vierge, faites-moi gagner à la loterie un lot de cent* » *francs* ».

La leçon étoit bonne, mais inutile, *Sarrasin* ne fut ni plus mâle, ni plus vigoureux; ni l'une ni l'autre de ces qualités n'étaient en lui; il ne fut vraiment recommandable que dans les choses pathétiques; il ignorait l'art de peindre les passions fortes & vigoureuses : il ne montra jamais sur la scène, ni l'ame de *Mithridate*, ni la noblesse d'*Auguste*.

Douze ans après *Brutus*, M. *de Voltaire* donna au Théâtre Français *Mahomet*. Le Comédien, *le Grand*, fut chargé du rôle d'*Omar*. Cet Acteur, doué de la plus belle voix du monde, &

du don des larmes, était d'ailleurs fans efprit & fans intelligence. A la répétition générale de cette fuperbe Tragédie, ayant à peindre au fecond acte, l'effet terrible que la préfence de *Mahomet* avait impofé au peuple & au Sénat de la Mecque, il terminait cette harangue en difant ces deux beaux vers :

Mahomet marche en maître & l'olive à la main.

La trève eft publiée, & le voici lui-même.

Le ton plat & pufillanime avec lequel *le Grand* proférait ces deux vers, lui valut l'apoftrophe fuivante : » Oui, *Mahomet* arrive, dites-vous, » s'écrie M. *de Voltaire*, c'eft comme fi vous » difiez; *rangez-vous, voilà la Vache* «.

Le pauvre *le Grand* fentit toute la baffeffe de la comparaifon, & rougit; mais fa balourdife & fon peu de génie, ne lui permirent pas de faire mieux.

Tout le monde connaît la célébrité que Mlle. *Dumefnil* s'eft faite dans le rôle de *Mérope*, & qu'elle a conftamment foutenu pendant ving ans. Lorfqu'on répéta cette pièce pour la première fois, M. *de Voltaire* reprochait à cette célèbre Actrice, de ne mettre ni affez de force, ni affez de chaleur en invectivant *Polifonte*. » Il faudroit, lui dit Mlle. *Dumef-* » *nil*, avoir le diable au corps, pour arriver » au ton que vous voulez me faire prendre «. *Eh! vraiment oui, Mademoiselle, c'eft le diable au corps qu'il faut avoir pour exceller dans tous les arts.*

*Oui, oui, fans le diable au corps, on ne peut être ni
bon Poëte, ni bon Comédien.* M. *de Voltaire* difoit-
là une grande vérité.

On l'interrogeait un jour fur la préfé-
rence que les uns accordaient à Mlle. *Clairon*
fur Mlle. *Dumefnil.* Les uns prétendaient que
pour attacher l'ame, la remuer, la déchi-
rer, il falloit avoir, comme Mlle. *Dumefnil*, de
la *machine à Corneille.* Mlle. *Clairon*, dit M. *de Voltaire, a de cette machine dans les entrailles & dans le
gofier ;* & la queftion fut jugée.

Un jour nous répétions chez lui, rue Tra-
verfière, la Tragédie de *Mahomet* ; je jouais
Saïde. Une jolie Demoifelle, fille d'un Procu-
reur au Parlement de Paris, jouait le rôle de
Palmire ; elle n'avoit tout au plus que quinze
ans ; elle étoit très-intéreffante ; elle étoit auffi
fort éloignée d'exaler les imprécations qu'elle
vomit contre *Mahomet*, avec la force & l'énergie
que la fituation de fon rôle l'exigeait.

M. *de Voltaire*, pour lui montrer combien
elle était éloignée du fens de ce rôle, lui dit
avec douceur : » Mademoifelle, figurez-vous
» que *Mahomet* eft un impofteur, un fourbe,
» un fcélérat, qui a fait poignader votre pere,
» qui vient d'empoifonner votre frère, & qui
» pour couronner fes bonnes œuvres, veut
» abfolument coucher avec vous. Si tout ce
» petit manège vous fait un certain plaifir,
» vous avez raifon de le ménager comme vous
» faites ; mais fi cela vous répugne à un certain

» point, voilà comme il faut s'y prendre «.
Alors M. *de Voltaire* joignant l'exemple au pré-
cepté, répète lui-même cette imprécation, &
parvient à faire de cette Demoiselle une Actrice intelligente & très-agréable.

En 1762, on joua à Ferney l'*Orphelin de la
Chine*. Le rôle de *Gingiskan* fut donné au Libraire
Cramer. Feu M. le Duc qui étoit chez M. *de
Voltaire*, & qui d'ailleurs était très-aimable, fe
chargea d'inftruire *Gengiskan*. A la première ré-
pétion, M. *de Voltaire* fentit que M. le Duc
n'avait fait de fon élève qu'un plat & froid dé-
clamateur. Il perfifla *Cramer*, qui eut bien-tôt
oublié les leçons de fon maître. Quinze jours
après, il revint à Ferney répéter fon rôle avec
M. *de Voltaire*, qui s'appercevant d'un grand
changement, cria à Madame Denis : *ma nièce,
Dieu foit loué, Cramer a dégorgé fon Duc.*

Depuis plus de trente ans, l'on n'avait point
encore vû au Théâtre Français, une cabale auffi
forte que celle qui s'éleva contre M. *de Voltaire*
à la 1ʳᵉ repréfentation d'*Orefte*; il faut en excepter
la cabale qui fe forma en 1734, lorfque pour
la première fois on joua *Adélaïde du Guefclin*;
elle fut fifflée depuis trois heures jufqu'à huit :
elle eft aujourd'hui applaudie depuis le premier
jufqu'au dernier vers.

Cette petite avanture de la *Belle Adélaïde* de-
vrait, ce femble, corriger de la légèreté & de
la précipitation avec lefquelles on juge toujours
une pièce nouvelle. A quoi doit donc fervir la

connoiffance d'une erreur où l'on eft tombé, finon à rendre les hommes plus attentifs & plus circonfpeéts dans leurs jugemens.

Quand on repréfenta *Orefte*, la plus faine partie du Public, celle dont le Jugement demeure, parce qu'il eft impartial, l'emportait de tems en tems fur les *fanatiques* du genre de *Crébillon*, & témoignait fon contentement par les acclamations les moins fufpeétes. C'eft dans ces momens de tranfports & d'ivreffe, que M. *de Voltaire*, s'élançant à demi-corps de fa loge, fe mit à crier de toutes fes forces : *Applaudiffez, braves Athéniens, c'eft du Sophocle tout pur.*

En effet, *Orefte* eft de toutes les Tragédies modernes, celle qui approche le plus du génie des Auteurs Grecs. Par fa régularité, elle eft fupérieure à tous leurs chef-d'œuvres, c'eft leur beau genre embelli & perfectionné.

F I N.

ON trouve chez M. *Henriquez*, rue Saint-Jacques, vis-à-vis le Collége du Pleffis, & à la Comédie Françaife, le Portrait très-reffemblant & très-bien exécuté de M. *de Voltaire*. Prix, 3 liv. On lit au bas ces vers :

Et fon cœur & fon génie
Servirent l'humanité.
Du charme de l'harmonie,
Il orna la vérité,
Et jouit pendant fa vie
De fon immortalité.

www.ingramcontent.com/pod-product-compliance
Lightning Source LLC
Chambersburg PA
CBHW060725280326
41933CB00013B/2563